Mi Little Golden Book sobre
Selena

por María Correa • ilustrado por Paula Zamudio

A GOLDEN BOOK • NEW YORK

Derechos del texto reservados © 2025 por María Correa
Derechos de las ilustraciones de la cubierta y del interior reservados © 2025 por Paula Zamudio
Derechos de la traducción al español reservados © 2025 por Penguin Random House LLC
Todos los derechos reservados. Publicado en Estados Unidos por Golden Books, un sello editorial de Random House Children's Books, una división de Penguin Random House LLC, 1745 Broadway, Nueva York, NY 10019. Golden Books, A Golden Book, A Little Golden Book, el colofón de la G y el distintivo lomo dorado son marcas registradas de Penguin Random House LLC. Simultáneamente publicado en inglés como *Selena: A Little Golden Book Biography* por Random House Children's Books, una división de Penguin Random House LLC, Nueva York, en 2025.
rhcbooks.com

Educadores y bibliotecarios, para acceder a una variedad de recursos de enseñanza,
visítenos en RHTeachersLibrarians.com

Número de control de la Biblioteca del Congreso de los Estados Unidos de América: 2024940863
ISBN 978-0-593-81043-9 (trade) — ISBN 978-0-593-81044-6 (ebook)
Impreso en los Estados Unidos de América
10 9 8 7 6 5 4 3 2 1

Selena Quintanilla nació el 16 de abril de 1971, en Lake Jackson, Texas. Aunque sus padres, Marcella y Abraham Jr., eran americanos, los antepasados de Selena vinieron de México. Selena tenía un hermano mayor al que llamaban A.B., y una hermana mayor llamada Suzette.

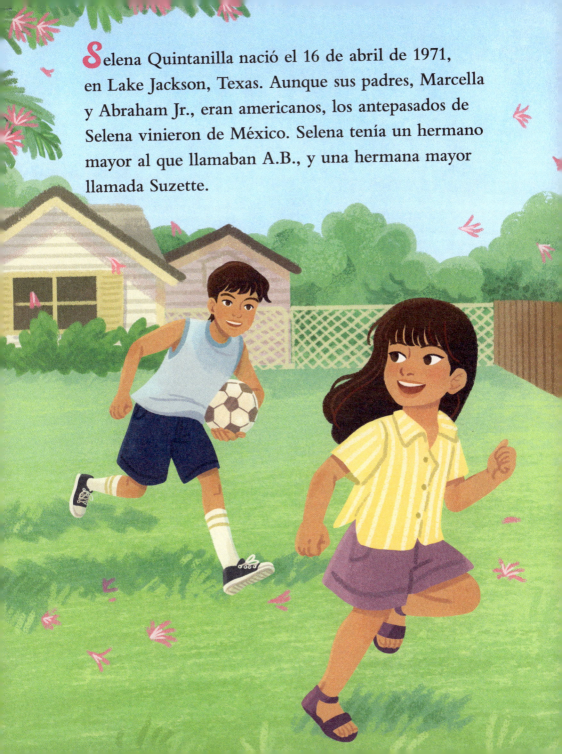

La música era muy importante para la familia Quintanilla. En su juventud, el padre de Selena había tocado en una banda llamada Los Dinos. Él quiso compartir su pasión por la música con sus hijos, por lo que les enseñó a tocar instrumentos y llenaba la casa con los sonidos de sus canciones favoritas.

Cuando Abraham descubrió que Selena tenía una hermosa voz para el canto, tuvo una idea: ¡formar una banda familiar con sus tres hijos! Selena era la cantante principal, A.B. interpretaba el bajo y Suzette tocaba la batería. Ellos se llamaron a sí mismos Selena y los Dinos, en honor a la banda de su padre.

Cuando Selena tenía nueve años, su padre abrió un restaurante llamado Papagayos, en el que construyó un escenario para que sus hijos pudieran presentarse mientras la gente disfrutaba sus comidas.

Selena y los Dinos eran buenos, pero Abraham sabía que podían ser excelentes. Entonces decidió que ellos debían enfocarse en la música tejana, que les encantaba a los latinoamericanos en Texas. Solo había un problema: la música tejana era en español, ¡y Selena únicamente hablaba inglés! Su padre tendría que enseñarle el idioma y las canciones tejanas tradicionales.

La música tejana fue creada por los mexicano-estadounidenses que vivían en Texas en los años 1800. Combina música folclórica mexicana, influencias de la música country y del oeste norteamericano, con sonidos de instrumentos metálicos europeos. Típicamente, la música tejana es interpretada por un grupo de cuatro músicos conocido como un conjunto, compuesto de acordeón, batería, bajo y una guitarra de doce cuerdas llamada un bajo sexto.

Aunque era más común que los hombres interpretaran la música tejana, algunas artistas como Lydia Mendoza y, más tarde, Laura Canales, trazaron el camino para que Selena y otras mujeres la hicieran más popular que nunca.

Menos de un año después de haber abierto el restaurante, los Quintanilla tuvieron que cerrar Papagayos. Se mudaron a Corpus Christi, Texas y, desde entonces, dependían de la banda para sus ingresos.

Selena y los Dinos tocaban en bodas y ferias, y su popularidad creció. La banda sumó dos nuevos músicos en el teclado y la guitarra y grabó su primer álbum, *Mis primeras grabaciones*. Además, se presentaron en un programa de televisión muy popular llamado *The Johnny Canales Show*.

En 1986, Selena fue elegida Mejor Vocalista Femenina del Año en los Tejano Music Awards. ¡Tenía tan solo quince años!

Selena y los Dinos se hicieron famosos. ¡Era el momento de hacer una gira! La familia compró un autobús, al que llamaron Big Bertha, y recorrieron el suroeste, tocando ante grandes audiencias. Aunque Selena había tenido que abandonar la escuela después de octavo grado, ella continuó sus estudios por correspondencia hasta obtener finalmente su diploma de bachillerato.

Para esta época, Selena conoció a un talentoso guitarrista llamado Chris Pérez. La banda lo invitó a unirse, y así Selena y Chris pudieron estar aún más cerca. Su amistad se convirtió en amor y, justo antes de que Selena cumpliera los veintiuno, se casaron.

La voz de Selena cautivó la atención de una importante disquera. Esta hizo un trato con la banda, pero puso todas las luces en Selena. Su carrera como solista había comenzado.

Su primer álbum, *Selena,* salió en 1989, seguido de *Ven conmigo* en 1990 y *Entra a mi mundo* en 1992. Una de las canciones de este álbum, «Como la flor», fue escrita por A.B. y se convertiría en la canción más conocida de Selena.

La disquera quería convertir a Selena en una superestrella internacional. Ellos organizaron una gira de conciertos por Latinoamérica, comenzando en México. Ella estaba muy nerviosa, a pesar de tener raíces mexicanas, aún no hablaba el español muy bien. ¿El público la aceptaría a ella y a su música? ¡Sí! La gira fue todo un éxito, y Selena ganó miles de nuevos seguidores.

En 1994, el álbum de Selena *En vivo* obtuvo el Grammy al Mejor Álbum Mexicanoamericano. Fue el primer álbum tejano en la historia en ganar un Grammy. Poco después, ella lanzó *Amor prohibido*. Una de sus canciones, «Bidi bidi bom bom», fue creada después de que ella inventó la letra en el escenario mientras probaba el equipo de sonido antes de una presentación.

Aunque la vida de Selena giró en torno a la música, ella siempre dedicó atención a un pasatiempo que también la hacía feliz: la moda. A Selena le encantaba diseñar su propio vestuario, y sus seguidores adoraban el estilo que ella ponía en escena.

Con la ayuda del diseñador Martín Gómez, Selena creó con sus ideas una línea de ropa y abrió dos tiendas en Texas llamadas Selena Etc. Ahora, sus seguidores podían no solo escuchar su música, ¡sino vestirse como ella! Todo parecía ir bien para Selena.

Pero, el 31 de marzo de 1995, las cosas dieron un giro trágico. Selena recibió un disparo de una mujer que había sido presidenta de su club de fans y gerente de una de sus tiendas de ropa. Murió al poco tiempo, solo dieciséis días antes de cumplir los veinticuatro.

Miles de sus seguidores se congregaron afuera de Selena Etc. para honrar su memoria. Las principales cadenas de televisión interrumpieron su programación para compartir la noticia. Nadie podía creer que ella realmente había fallecido.

El último álbum de Selena, *Dreaming of You* (*Soñando contigo*), fue lanzado unos pocos meses después. Ansiosos por escuchar a Selena cantar nuevamente, sus fanáticos se apresuraron a comprarlo. El disco, que incluía canciones en español y en inglés, vendió 175,000 copias el día que salió en venta. Además, encabezó las listas y atrajo a millones de seguidores a la música tejana.

Selena continúa siendo aclamada como un ídolo popular. La revista *Billboard* la designó como la artista latina más grande de todos los tiempos. En 1997, Jennifer López protagonizó una película sobre la vida de Selena, y en el 2017, Selena fue honrada con su estrella en el Paseo de la Fama de Hollywood. Durante la ceremonia, Chris decoró la estrella con una docena de rosas blancas. Esas eran las flores favoritas de Selena.

La vida de Selena fue breve, pero la aprovechó haciendo lo que amaba: creando música. Gracias a sus canciones y a los que las escuchan, la Reina del Tejano nunca se marchitará.

¡Viva, Selena!